DE L'INTÉRÊT FRANÇAIS

DANS LA QUESTION

DE LA

RÉFORME JUDICIAIRE

EN ÉGYPTE

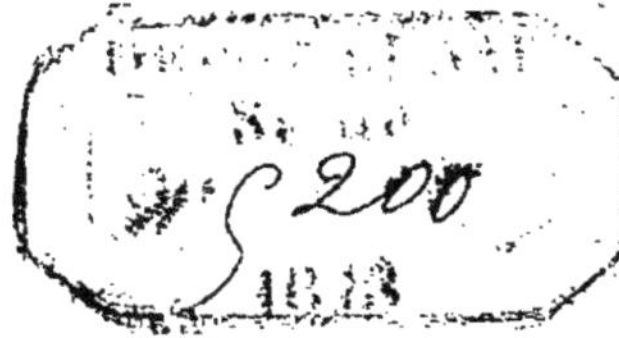

POSITION DE LA QUESTION

En vertu des Capitulations et des Traités conclus par la Porte Ottomane avec les gouvernements de Chrétienté, l'étranger défendeur n'est justiciable, en Orient, que des lois de son pays, appliquées par ses autorités nationales.

L'Administration égyptienne demande aujourd'hui aux puissances européennes, par l'intermédiaire de la Sublime Porte, la suppression de la juridiction consulaire, et propose en échange de cette garantie capitale, l'établissement de Commissions mixtes nommées par l'autorité locale, et faisant office de tribunaux au civil et au criminel, en premier et en dernier ressort.

La France doit-elle abandonner à ces Commissions mixtes l'honneur, la fortune et la vie de ses nationaux?

I

Résultat de l'abstention de la France pour ses nationaux

Il importe de constater préalablement :

1º Que les Européens résidant en Egypte se sont prononcés unanimement et par tous les moyens en leur pouvoir contre la suppression des garanties sous le bénéfice desquelles ils ont engagé dans ce pays leur fortune et leur industrie ;

2º Que la prétendue Réforme judiciaire, proposée par l'autorité locale pour les soustraire à la juridiction de leurs consulats, n'est, suivant eux, comme elle n'est en effet, que la suppression pure et simple de ces garanties.

II

En l'état, la Réforme judiciaire est acceptée « académiquement » suivant l'expression du général Ignatieff, par toutes les grandes puissances, moins la France, dont l'abstention seule a retardé la consécration du régime nouveau.

Quid si la France persiste à s'en tenir au *statu quo ?*

Il peut se présenter deux hypothèses :

Ou l'abstention de la France empêcherait toute modification au *statu quo*,

Ou il serait passé outre.

III

Il est vraisemblable que l'abstention de la France empêcherait toute modification au *statu quo*. La raison en est que la prétendue réforme, impliquant l'abandon des garanties essentielles inscrites dans les Capitulations et les derniers traités, au profit des Européens, aucune nation ne voudrait se placer volontairement dans une situation moins favorisée que celle de la France, assurée de ces mêmes garanties pour seize ans encore, aux termes de l'art. xxvii du traité de 1861 entre le gouvernement français et la Porte ottomane.

Cette attitude passive de notre diplomatie suffirait pour lui valoir la reconnaissance des résidents de toute nationalité, convaincus, comme ils le sont, que les nouveaux tribunaux seraient dans les mains de l'autorité locale un instrument docile d'arbitraire et de spoliation.

Conviendrait-il aux puissances qu'importune le souvenir de l'antique prestige de notre pavillon en Orient, d'en faire ainsi par la force des choses le point de ralliement des colonies européennes, violentées dans leurs droits acquis et leurs plus légitimes exigences!

L'expérience prouve d'ailleurs que lorsque la France a traduit le sentiment unanime de la population étrangère, et soutenu ses revendications, alors même que les

représentants des seize autres nations venaient à les
abandonner, l'autorité locale n'a jamais osé passer outre.

Et cela après comme avant nos revers.

Mais admettons que ces considérations puissantes
n'arrêtent pas les autres gouvernements, et qu'ils accè-
dent définitivement aux sollicitations de l'administration
égyptienne; quelle sera dans cette hypothèse la situa-
t'on de nos nationaux?

C'est ce qui va être examiné.

IV

Au cas où les grandes puissances, la France exceptée,
consentiraient définitivement à laisser faire une expérience de sept ans aux risques et périls de leurs nationaux, les Français, dans toutes les causes où ils seraient
défendeurs, conserveraient — point capital — le bénéfice
de leur juridiction actuelle. Dans les litiges où ils auraient à être demandeurs, il y a lieu de distinguer ceux
qui seraient relatifs à un étranger d'autre nationalité et
ceux qui concerneraient un indigène ou une autorité
locale.

V

*Cas où un Français serait demandeur contre un
autre Européen.* — La règle des rapports juridiques des

parties litigantes au Levant est la maxime : *Actor sequitur forum rei.*

Sous le nouveau régime, il n'en serait plus de même ; mais cette suspension du principe de droit ci-dessus, légitimerait *ipso facto*, en ce qui nous concerne, l'application de l'art. 14 du Code civil. Resterait l'exécution des jugements ; mais elle serait généralement facile par voie de saisie entre les mains d'un Français, de toute valeur appartenant à la partie étrangère condamnée.

Au reste, cette question ne présente dans la pratique qu'un très-minime intérêt, attendu que le nombre des poursuites introduites par des Français près les tribunaux consulaires des autres nations, est infiniment restreint.

L'explication de ce fait étant tout à l'honneur de notre nation, mérite d'être donnée.

Les Français tenant à être jugés d'après leur législation, qu'ils estiment la meilleure, et devant leur tribunal qui, malgré l'organisation défectueuse de l'assessorat, n'en présente pas moins de réelles garanties, ne s'engagent guère dans une affaire que si elle leur permet, en cas de litige, de se constituer *défendeurs*.

D'autre part, et pour des motifs analogues, les étrangers et les indigènes se prêtent volontiers à toute combinaison qui les rendrait justiciables du tribunal de France.

Donc, à ce point de vue, le refus du Gouvernement de s'associer à l'organisation des Commissions mixtes ne causerait aucun dommage à notre commerce, même en mettant les choses au pis.

Mais il est facile de prévoir que sous d'autres rapports cette situation deviendrait au contraire pour nos nationaux la source d'avantages considérables.

En effet, pour échapper à la juridction des Commissions mixtes dont on menace la colonie européenne et qui lui inspirent un légitime effroi, les négociants de toute nationalité prendraient leurs mesures pour devenir justiciables du tribunal de France, à l'aide de l'un des moyens de procédure très-connus au Levant et parfaitement licites du reste.

Tel serait, à n'en pas douter, le résultat matériel de l'adoption du nouveau régime judiciaire par les grandes puissances, moins la France.

Il y en aurait un autre d'un ordre plus élevé, la reconstitution de notre influence en Orient. Cela n'est pas à démontrer en présence de ce qui vient d'être exposé.

VI

Cas où un Français serait demandeur contre une autorité locale ou un indigène. — A cet égard, il n'y aurait rien de changé à la situation actuelle. Soit par voie diplomatique, soit devant le Tribunal mixte, dont les nouvelles Commissions mixtes reproduiront les abus, considérablement aggravés, il n'y a et il ne saurait y avoir d'autre justice sérieuse que la voie des négociations. Cet état de choses tient aux institutions religieuses et politiques de la Turquie, à l'absolutisme sans limite du Maître, et en Egypte particulièrement, à cette circonstance que le Gouverneur général de la province en est aussi le premier, presque le seul commerçant indigène.

VII

D'une solution intermédiaire consistant en un prétendu retour au texte des Capitulations.

Le Gouverneur-général d'Egypte menace, pour le cas où les nouvelles Commissions mixtes ne seraient pas reconnues, d'en revenir à la pratique littérale des Capitulations, et notamment à l'application de l'art. 41 portant « que tous les litiges d'une importance supérieure à 4,000 aspres seront portés devant le Divan impérial et non ailleurs. »

Il est inutile d'examiner ici les raisons juridiques et absolument péremptoires qui ont déterminé le mode actuel de procéder, traduction fidèle de la lettre et de l'esprit des Capitulations. Rien ne serait plus facile que de démontrer la parfaite légalité de la jurisprudence établie, et de prouver à quel point elle résulte de la lettre de ces Capitulations que l'on invoque aujourd'hui. Il suffit de demander à l'administration égyptienne pourquoi elle a tant tardé à requérir l'application de l'art. 41, si elle juge cette procédure favorable à ses intérêts.

Elle n'alléguera pas sans doute que c'est par sollicitude pour les Européens — ce serait trop audacieux — ni pour accélérer l'expédition des affaires, puisque le gouvernement égyptien retarde depuis plus de cinq et six ans le versement d'indemnités qu'il reconnaît devoir.

La vérité est que l'administration égyptienne a tout à gagner à ne pas laisser ébruiter au dehors les iniquités de ses agents, leurs abus de pouvoir, leurs violences; que le sentiment de sa propre conservation lui impose d'ailleurs l'obligation absolue de retenir dans ses mains la négociation des demandes d'indemnité auxquelles elle s'expose journellement par des spoliations, des exactions et des infractions aux traités qui, portées devant le Divan impérial, donneraient à toute heure au grand-vizir le droit d'appliquer à l'héritier de Méhémet-Aly les clauses de déchéance formulées dans le firman d'investiture.

N'est-il pas d'ailleurs évident qu'à un autre point de vue la mise à exécution de cette menace, non-seulement n'est point à craindre, mais encore serait à désirer.

Dans l'état actuel des choses, le Gouverneur général d'Egypte est juge dans sa propre cause, et peu porté — cela se comprend de reste — à se condamner. Il est permis de croire que le grand-vizir n'ayant pas à débourser lui-même, serait plus disposé que le délinquant à ordonnancer le règlement de l'indemnité.

VIII

Une dernière hypothèse reste à examiner, — celle absolument invraisemblable où les nouvelles Commissions mixtes parviendraient à fonctionner de façon à peu près régulière, dans un délai plus ou moins long; — long évidemment, — puisque de l'aveu de Nubar-Pacha, l'Egypte ne possède pas d'hommes actuellement propres à être membres d'un tribunal.

En ce cas-là, le gouvernement français n'aurait qu'à adhérer à un état de choses devenu conforme aux intérêts de ses nationaux, avec la consolation de leur avoir épargné la période toujours fâcheuse des tâtonnements et des erreurs d'une magistrature aussi composite et aussi inexpérimentée.

Mais on peut affirmer que l'autorité égyptienne — placée mieux que personne pour savoir à quoi s'en tenir, — n'a aucune foi dans le fonctionnement équitable de l'expédient judiciaire qu'elle propose ; car elle refuse de faire supporter le poids de cette expérience *à ses nationaux*.

Elle aurait cependant un moyen facile de prouver sa sincérité, ce serait de constituer sans retard ses commissions mixtes telles qu'elle les rêve, et de démontrer par leur fonctionnement appliqué à ses nationaux, qu'elles présentent toutes les garanties que l'Européen est en droit d'exiger.

Ce jour-là les colonies étrangères seraient les premières à s'adresser aux tribunaux ; les gouvernements n'auraient plus qu'à donner à l'institution une adhésion méritée.

Mais l'autorité locale ne réforme pas même les abus scandaleux qui déshonorent le tribunal mixte de commerce actuellement établi, et qui le font déserter par tous ceux qui n'espèrent qu'en leur bon droit !

IX

Quelles sont les causes réelles de l'adhésion des grandes puissances.

Une considération générale, inavouée sinon inavouable, a pesé singulièrement sur la détermination prise par les grandes puissances : le désir d'anéantir les Capitulations, en tant qu'œuvre essentiellement française, sauf à les rétablir, s'il y a lieu, sous un autre patronage, que chacun des participants espère être le sien ou celui de ses amis.

Mais en dehors de cette préoccupation, il existe des motifs plus inquiétants encore.

Il est notoire qu'un accord est intervenu entre la Russie, l'Allemagne et l'Autriche, en vue des remaniements territoriaux, que permettrait le démembrement de la Turquie.

L'Autriche prendrait les provinces danubiennes et leurs annexes en échange de ses possessions allemandes, qu'attire chaque jour plus invinciblement la grande unité germanique. L'Empire allemand, ainsi complété, laisserait la Russie réaliser à Constantinople le rêve séculaire des czars.

L'Egypte serait dévolue à l'Angleterre, au moins en protectorat.

On pourrait dès lors s'étonner de l'adhésion que l'Italie donne à cette politique, dont le succès s'accomplirait à son préjudice, comme à celui de la France, car il n'est point parlé de lui céder la Tunisie, sur laquelle le grand chancelier de l'empire allemand conserve des visées.

La raison de tant de désintéressement réside dans une circonstance tout à fait spéciale, dont on trouve l'explication dans les journaux officieux d'Egypte. On lit, en effet, dans le *Nil*, du 13 février 1873 : « Les obligations personnelles qu'a contractées S. M. le » roi d'Italie envers le khédive, lui assurent le con- » cours absolu de cette dernière puissance. »

Ces « obligations personnelles » se monteraient, dit-on, à sept millions, emprunt fait par la liste civile de Victor-Emmanuel à la Daïra du vice-roi.

Pour que ces plans puissent aboutir, il faut que l'Empire ottoman se désagrége. Aussi a-t-on choisi le meilleur dissolvant : l'abolition des Capitulations, seules garanties d'ordre matériel en Orient; car c'est ainsi qu'il faut entendre l'institution des nouvelles commissions mixtes.

Que la Turquie se prête à cette manœuvre dans l'espoir chimérique de conquérir une plus grande somme de souveraineté, c'est là une illusion qui s'explique.

Que le vice-roi y voie des moyens de s'assurer pendant sept ans l'impunité à l'égard des Européens, sauf à précipiter sa chute, c'est de toute certitude.

Mais que le gouvernement français consente bénévolement à faire, sans compensation, le jeu de ses adversaires, personne n'admettra que ce soit possible.

Le rôle que lui assignent les circonstances peut se résumer en un mot qui répond à toutes les nécessités du moment : *non possumus*.

X

Question fiscale

La juridiction consulaire apporte au Fonds commun des chancelleries un contingent de recettes relativement considérable. Est-il patriotique de tarir cette source de revenu quand l'État grève le travail national sous toutes les formes, quand il est démontré qu'une grande partie des taxes de chancellerie—d'un recouvrement si facile— est supportée par des ressortissants étrangers ?

CONCLUSION

Sous quelque aspect que l'on considère la question, le maintien du *statu quo* ne présente qu'avantages.

L'essai aux dépens des autres nationalités d'un régime entouré d'un inconnu menaçant, épargnerait à nos résidents les inconvénients de la transition, dans l'hypothèse, d'ailleurs invraisemblable, de la réussite de cette aventure.

Dans le cas contraire, celui que tout le monde prévoit, la ruine des établissements appartenant aux nationalités concordataires n'atteindrait pas ceux de nos ressortissants, bien plus, leur profiterait de la façon la plus légitime, juste récompense d'une politique avisée.

Cette éventualité offrirait en outre à la France une occasion inespérée de ressaisir en Orient l'influence directrice que lui ont value pendant tant de siècles les services rendus par elle à la cause de la civilisation. Les populations franques, à quelque nationalité qu'elles apartiennent, apprendraient ainsi qu'aujourd'hui comme par le passé, le peuple français est le seul qui sache et veuille les protéger.

Au nom des pétitionnaires, appartenant à diverses nationalités franques, signataires de l'Adresse à l'Assemblée nationale — octobre 1871 — et des actionnaires, obligataires et délégataires de la Compagnie du Canal de Suez, signataires de la pétition du 30 juillet 1872.

Cte DE MAILLARD-MARAFY.

Licencié en droit.

Paris, le 12 juillet 1873.

Paris. — Imp. L. GUÉRIN, rue du Petit-Carreau, 26